Disney

# Les Contes Classiques

avec Mickey et ses amis

Directeur : Antoine Béon
Responsable éditoriale : Juliette de Lavaur
Édition : Naïma Timzouert
Fabrication : Anne-Laure Soyez
Conception graphique : Pauline Ortlieb
Adaptation du texte : Sophie Koechlin
Mise en page : Florent Salaün

Édité par Hachette Livre – 58, rue Jean-Bleuzen – 92178 Vanves Cedex
Imprimé par Rotolito en Italie – Achevé d'imprimer : septembre 2021
ISBN : 978-2-01-710315-8 – Édition : 03 – Dépôt légal : octobre 2019
Loi n°49-956 du 16 juillet 1949 sur les publications destinées à la jeunesse.

Pour tout renseignement concernant nos parutions,
nous contacter par e-mail : disney@hachette-livre.fr

Pour l'éditeur, le principe est d'utiliser des papiers composés de fibres naturelles, renouvelables, recyclables et fabriquées à partir de bois issus de forêts qui adoptent un système d'aménagement durable. En outre, l'éditeur attend de ses fournisseurs de papier qu'ils s'inscrivent dans une démarche de certification environnementale reconnue.

# Sommaire

# Mickey, Minnie et la maison de pain d'épice

Mickey est le pauvre apprenti du forgeron d'un petit village. Sa tâche est rude car le forgeron est un homme méchant. Cependant, Mickey reste à son service car il aime la jolie Minnie, sa voisine. Chaque jour, Minnie travaille pour une boulangère aussi colérique et désagréable que peut l'être le forgeron.

Autrefois, forgeron et boulangère étaient riches et généreux, mais une sorcière a volé leur cœur en même temps que tous leurs biens. Depuis, ils obligent leurs apprentis à travailler de longues heures et ils ne sont jamais contents du résultat.

Mickey et Minnie espèrent depuis longtemps que leurs employeurs redeviendront aussi gentils qu'autrefois, mais rien ne change.
Un soir, Mickey prend son courage à deux mains :
il propose à Minnie de partir avec lui et elle accepte.

Cette nuit-là, tous deux s'enfuient dans la forêt. Au bout de quelques heures de marche, le ventre creux, ils songent à se reposer lorsque Minnie aperçoit une chaumière. En s'approchant, ils ouvrent de grands yeux : toute la maison est faite de pain d'épice !

– J'ai tellement faim ! Pouvons-nous en manger un peu ? demande Minnie.

– Bien sûr ! répond Mickey.

Et il goûte un morceau de la fenêtre. Mmmh !

C'est en sucre, et si délicieux que Mickey croque à nouveau dedans. À cet instant, une vieille femme ouvre la porte.

– Vous avez l'air affamés. Entrez ! dit-elle avec un sourire.

La femme les fait asseoir et leur sert le meilleur repas
qu'ils aient jamais mangé : une dinde rôtie avec des légumes,
suivie de toutes sortes de tartes et de gâteaux.
Ce fabuleux dîner les rassasie parfaitement
et très vite, le sommeil les gagne.

– Vous êtes trop fatigués pour repartir,
dit leur hôtesse. Faites-moi plaisir, restez ici pour la nuit.
Elle les conduit dans une chambre confortable.
Les lits sont si douillets qu'en une seconde,
Mickey et Minnie s'endorment à poings fermés.

Le lendemain matin, Mickey se réveille dans une cage !
Minnie, elle, doit pétrir de la pâte au fond de la cuisine...
La vieille femme qui semblait si gentille est en réalité
une horrible sorcière.
Méchamment, elle pointe Mickey du doigt :
– Quand je t'aurai bien engraissé,
je te transformerai en tarte savoureuse !

Puis la sorcière ordonne à Minnie d'allumer le four.
– Je ne sais pas le faire, dit doucement Minnie.
C'est toujours la boulangère qui s'en occupait...
– Ah oui, la boulangère... Et son forgeron !
Au fait, est-ce que leur fortune et leur cœur
leur manquent toujours autant ? demande la sorcière
en éclatant d'un rire mauvais.

– C'est vous qui leur avez volé leur gentillesse et tous leurs biens ! comprend soudain Minnie. Furieuse, elle pousse la sorcière dans le four, bloque la porte avec une table et libère Mickey.

En visitant la maison, les deux amis découvrent, bien cachés au grenier,
les cœurs et les trésors du forgeron et de la boulangère.
Joyeusement, ils chargent tout dans une brouette et rentrent au village.
En retrouvant leurs cœurs et tous leurs biens, la boulangère
et le forgeron redeviennent aussitôt de braves gens. Désormais,
ils vivront très heureux, comme Mickey et Minnie !

# Boucles d'Or

## Papa Ours, Maman Ours et Bébé Ours

habitent dans une jolie maison, au plus profond de la forêt.

– J'aimerais bien inviter des amis, dit Papa Ours de sa grosse voix.

– Les autres animaux ont peur de nous… dit Maman Ours de sa voix douce.

– Je suis trop petit pour faire peur ! proteste Bébé Ours de sa toute petite voix.

Un matin, avant le petit déjeuner, les Trois Ours partent faire une promenade. Or, dans une autre partie des bois, Daisy, surnommée Boucles d'Or à cause de ses cheveux blonds, décide, elle aussi, de se promener.

Son chemin la conduit tout droit chez les Trois Ours.
Et bien que Boucles d'Or sache qu'on ne doit jamais entrer dans une maison sans y être invité, sa curiosité l'emporte.
– La porte n'est pas verrouillée… murmure-t-elle. Allons voir !

**Une délicieuse odeur** règne dans la cuisine.
Sur une table, trois bols de bouillie attendent le retour de leurs propriétaires :
**un grand bol, un bol moyen et un tout petit bol.**

**Boucles d'Or ne peut pas s'empêcher de goûter à la bouillie du grand bol.**

– Ouille ! C'est trop chaud ! crie-t-elle.

Elle goûte alors celle du bol moyen.

– Brrr, trop froid...

Mais la bouillie du tout petit bol est si délicieuse qu'elle l'avale entièrement !

Boucles d'Or entre ensuite dans le salon où elle trouve trois fauteuils.
Aussi dur qu'une pierre, le plus grand n'est pas du tout confortable.

Elle s'assied sur le moyen, mais le trouve beaucoup trop mou.

La toute petite chaise à bascule, elle, semble parfaite.

Boucles d'Or se balance d'avant en arrière, quand soudain...

CRAC ! la chaise se renverse et se brise.

– Pfff ! Elle était bien trop fragile ! s'exclame Boucles d'Or en se relevant.

La pièce suivante est une chambre avec trois lits : un grand, un moyen et un tout petit. Ensommeillée, Boucles d'Or bâille et s'allonge sur le premier, mais celui-ci est beaucoup trop ferme.

Elle essaie le second.

– Mais qu'il est mou ! s'écrie-t-elle.

Elle se couche alors dans le tout petit lit.

– Ni trop dur ni trop mou, celui-ci est parfait...

murmure-t-elle en s'endormant.

À peine a-t-elle fermé les yeux que les Trois Ours rentrent chez eux.

D'abord, ils remarquent des traces de boue sur le sol.

– Qui est venu chez nous ? s'étonne Papa Ours

en entrant dans la cuisine.

– Quelqu'un a goûté à ma bouillie ! s'écrie-t-il de sa grosse voix.

– À la mienne aussi... dit Maman Ours de sa voix douce.

– Et moi, mon bol est vide ! proteste Bébé Ours de sa toute petite voix.

## Ils se précipitent au salon.

– Quelqu'un s'est assis dans mon fauteuil ! gronde Papa Ours de sa grosse voix.

– Dans le mien aussi… dit Maman Ours de sa voix douce.

– Et moi, on a cassé ma chaise ! proteste Bébé Ours de sa toute petite voix.

Les empreintes de pas les guident vers la chambre.

– Quelqu'un s'est couché dans mon lit ! grogne Papa Ours de sa grosse voix.

– Dans le mien aussi... dit Maman Ours de sa voix douce.

– **Quelqu'un dort dans mon lit !** proteste Bébé Ours de sa toute petite voix.

À cet instant, Boucles d'Or se réveille et les voit tous les trois.

– **Au secours !** hurle-t-elle.

**Terrorisée,** elle bondit hors du lit,
saute par la fenêtre et s'enfuit à toutes jambes.

Après son départ, les Trois Ours, qui attendent la visite de leurs amis dans l'après-midi, remettent vite en ordre leur jolie maison. Quant à Boucles d'Or, il est certain qu'elle n'entrera plus jamais chez quelqu'un sans y être invitée !

# Le Prince et le Pauvre

Il y a fort longtemps, un roi sage et généreux dirigeait son royaume avec justice. **Son fils, le prince, rêvait d'aventures,** mais souhaitait avant tout le bonheur de son peuple.

Un jour, le roi tomba très malade. Dès lors, **Pat Hibulaire, le capitaine de la garde,** commença à s'enrichir en taxant la population et en lui volant sa nourriture…

Ce matin-là, un paysan nommé Mickey tente de retenir son chien. Mais il a beau essayer, rien à faire : affamé, Pluto s'échappe et poursuit un attelage chargé de victuailles qui entre dans la cour du château. **Brusquement, la porte se referme.**

TOC ! TOC ! TOC ! Mickey frappe à la porte.
Le garde qui lui ouvre sursaute en le voyant.
– Vo... Votre Majesté ? Entrez, entrez ! bégaye-t-il en s'inclinant,
ce qui surprend beaucoup Mickey.

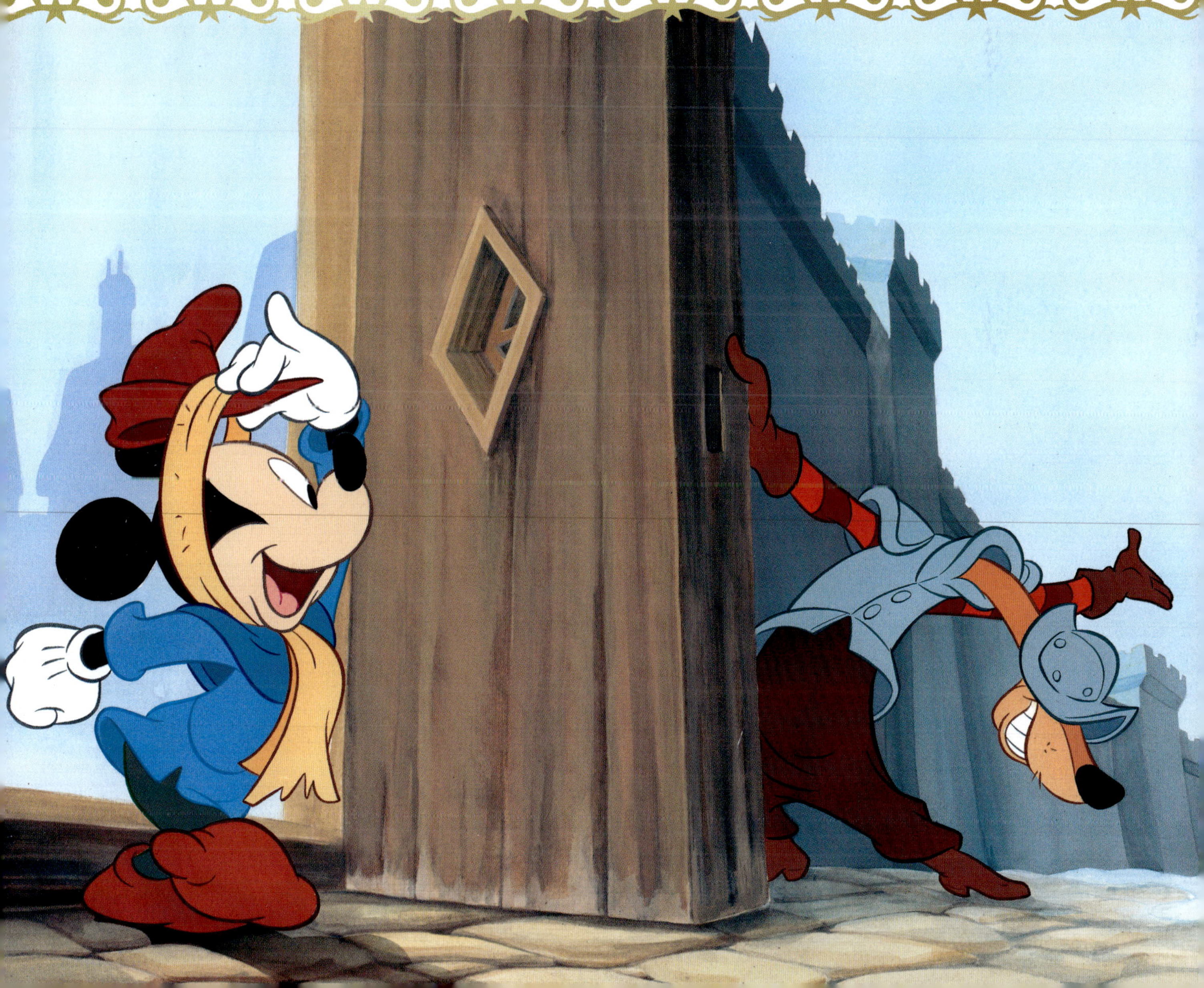

Pendant ce temps, dans une pièce du château, le vrai prince
et son écuyer Donald s'amusent pendant une leçon d'histoire.
Le professeur est sur le point de les punir quand un bruit
les attire à la fenêtre.

Dans la cour, le capitaine Pat Hibulaire vient de capturer Mickey.

– Arrêtez ce raffut ! ordonne le prince. Mes plus humbles sujets méritent le respect ! Amenez-moi ce paysan !

Pat Hibulaire fait entrer Mickey dans le grand hall et le pousse vers une rangée d'armures. CLANG ! L'un des heaumes se décroche et tombe sur sa tête tandis que toutes les armures s'effondrent dans un grand fracas !

À son tour, le prince se retrouve **coiffé d'un heaume** et se cogne à Mickey.
Assis par terre, tous deux enlèvent leurs casques.
**– Mais tu es exactement comme moi !** s'exclament-ils en même temps.

C'est l'occasion que le prince attendait pour sortir du château.
– Échangeons nos tenues, veux-tu ? demande-t-il à Mickey.
Ravi de pouvoir vivre une journée de la vie d'un prince, Mickey accepte.
– Je serai de retour très vite ! promet le prince en bondissant dehors.

Sur la place du village, l'un des gardes du capitaine
conduit une charrette de nourriture volée.

– Halte-là ! hurle le prince en brandissant sa bague royale.

Je suis ton prince !

Puis il saute sur la charrette et distribue son chargement aux paysans.

Alors qu'il arrive chez Dingo, le prince entend sonner le glas.
– Mon père est mort... Je dois immédiatement rentrer au château ! dit-il à Dingo en lui montrant sa bague, preuve qu'il est le prince. Hélas, Pat Hibulaire l'attend dehors ! Le garde qui a volé la charrette lui a tout raconté. Désormais, le capitaine veut se débarrasser du vrai prince et manipuler Mickey afin de régner sur le pays.

Dingo s'enfuit, mais le prince est enfermé dans le donjon avec Donald.

– Ici, votre bague ne vous servira à rien, Majesté !

ricane méchamment Pat Hibulaire. Dès que Mickey sera couronné,

je le démasquerai et je gouvernerai à sa place.

Impuissants, le prince et Donald le regardent s'éloigner.
Heureusement, déguisé en bourreau, **Dingo surgit de l'ombre, trouve les clefs du cachot et libère ses amis.**
– Allons vite au couronnement ! dit le prince.

De son côté, Mickey, qui a compris le plan de Pat Hibulaire, essaie de ne pas être couronné.

– Arrêtez le capitaine, c'est un traître ! clame-t-il.

– Et vous, vous êtes un imposteur ! répond Pat Hibulaire. Gardes, saisissez-le !

– Et moi, suis-je un imposteur ? crie une voix du haut d'un balcon.

C'est le prince !

Pat Hibulaire et ses gardes sont aussitôt emprisonnés.

Avec Mickey, Donald et Dingo à ses côtés,
le nouveau roi rendra son peuple heureux,
nul ne peut en douter !

# Le Tamia des villes et le Tamia des champs

Un jour, un tamia habitant une ville animée décide
de rendre visite à l'un de ses amis resté à la campagne.
En quittant la cité, il prend une longue inspiration :
– Quel bon air frais ! Quels beaux arbres !
Qu'il doit être agréable de vivre ici !

La maison du tamia des champs est nichée
dans un bosquet de chênes, au milieu d'une vaste forêt.
– Bienvenue ! s'écrie-t-il, heureux de revoir son ami.
Entre, je vais te préparer un bon repas !
Ravi, le tamia des villes s'assied au coin du feu.

– Passons à table. Je t'ai fait mes spécialités : des glands grillés, avec des noisettes grillées et des graines grillées !

Le tamia des villes sourit poliment mais il est un peu déçu :
en ville, la nourriture est bien meilleure et le choix,
tellement vaste !

Il met cependant un point d'honneur à tout manger
et à complimenter son hôte. Mais à la fin du dîner,
il ne peut s'empêcher de le questionner :
– Ne te lasses-tu jamais d'une nourriture aussi simple ?
– Que veux-tu dire ? Qu'y a-t-il d'autre ?
demande le tamia des champs.

– Bien d'autres choses ! s'exclame le tamia des villes,

surpris par la question de son ami.

Pris d'une idée subite, il tape la table avec excitation !

– Il faut que tu le voies toi-même. Allons chez moi demain ! dit-il.
Le tamia des champs hésite, mais son ami semble si impatient
et si joyeux qu'il finit par accepter.
Et le lendemain, juste après le petit déjeuner,
tous deux prennent la route.

Vers midi, les deux amis arrivent chez le tamia des villes.
Sa maison est tout en haut d'un arbre, à côté d'une autre maison.
Dans la rue, une voiture klaxonne et un hélicoptère passe
bruyamment dans le ciel.

– Quelle agitation ! Ce doit être excitant de vivre ici…
dit le tamia des champs.

Il est encore plus impressionné lorsque, par une fenêtre, son ami pénètre dans la cuisine de la maison voisine et lui montre tout ce qu'elle contient.

Jamais il n'a vu autant de fromages, de fruits, de beurre de cacahuète, de gâteaux ou de cookies !

– Tu comprends ce que je voulais dire ? demande le tamia des villes.

Bondissant dans un placard, il ouvre trois bocaux de confitures.

– Que préfères-tu ? Groseilles ? Fraises ? Pêches ?

– Elles sont toutes délicieuses ! se réjouit le tamia des champs.

– Tiens, prends ces deux cookies ! dit son ami en piochant dans une jarre.

– Oh, je n'ai jamais rien mangé d'aussi bon... soupire l'autre, conquis.

Enfin, le tamia des villes renverse une bouteille de miel
et tous deux se régalent.
– Miam ! s'écrie le tamia des champs. Quelle chance tu as, vraiment !
À cet instant, le voisin entre dans sa cuisine, ouvre le placard et les aperçoit.

– Allez-vous-en d'ici ! hurle-t-il en attrapant un balai.
Sans attendre, les deux compagnons sautent par la fenêtre, grimpent dans l'arbre et se réfugient chez le tamia des villes.

En une minute, le tamia des champs fait son baluchon et met son chapeau.
– Merci pour tout, mais je rentre à la maison ! annonce-t-il à son hôte étonné.

– Quoi ? Mais tu viens d'arriver ! N'as-tu pas aimé toute cette délicieuse nourriture ? demande le tamia des villes.

– Oh si ! répond le tamia des champs. Mais à choisir, je préfère déjeuner en paix plutôt que de devoir affronter un individu en colère à chaque fois que j'aurai faim. Au revoir, cher ami !

Et c'est ainsi qu'il retrouve avec bonheur sa forêt, son air frais et ses noisettes grillées, laissant à son ami la joie de vivre dans l'agitation des villes.

# Le Petit Chaperon Rouge

Minnie est une gentille jeune fille aimée de tous.
Tous les jours, elle porte une cape rouge tricotée par sa grand-mère,
ce qui lui doit le surnom de « Petit Chaperon Rouge ».
Ce matin, elle apprend que sa grand-mère a attrapé un gros rhume.
Avant de lui rendre visite, elle décide de lui faire
de délicieux cookies au chocolat.

Lorsque ses gâteaux sont prêts, Minnie les met dans une boîte. Puis elle songe à la toux de sa grand-mère et remplit une seconde boîte de bonbons à la menthe forte et très poivrée. Enfin, elle range ses provisions dans un panier et sort de chez elle.

Sa grand-mère habite à la sortie du village.
Tout au long de la grand-rue, Minnie salue poliment
les marchands qu'elle connaît.

Mais alors qu'elle passe devant la poste, le Grand Méchant Pat Hibulaire lui barre le passage.

– Salut, Chaperon Rouge ! dit-il. Où vas-tu donc avec ton petit panier ?

Minnie se fige. Pat est un voyou que tout le monde redoute !

– J'apporte des cookies au chocolat à ma grand-mère qui est malade. Au revoir ! répond-elle en partant vite. Le Grand Méchant Pat réfléchit. Quelle tentation ! Les cookies de Minnie sont réputés pour être vraiment délicieux !

**Pat est bien trop gourmand pour résister.**
Laissant Minnie continuer dans la grand-rue, il prend un raccourci et arrive en courant devant la maison de la grand-mère. Maintenant, **il lui faut un plan !**

Dans le jardin, devant la maison de la grand-mère, il voit une robe et un bonnet qui sèchent sur un fil.

– Mmh… se dit-il, alors qu'une idée prend forme dans sa tête.

Quelques minutes plus tard, Minnie apparaît au bout du chemin.

Pat, habillé de la robe et du bonnet, bondit devant elle.
– Oh, bonjour, Minnie ! dit-il d'une voix aigrelette.
Tu es venue me rendre visite ?
– Heu… oui, répond Minnie en songeant que sa grand-mère doit être bien malade pour avoir autant changé.

Puis elle remarque certains détails :
– Comme tu as de **grandes oreilles !** s'exclame-t-elle.
– C'est pour mieux t'écouter, lui dit Pat.
– Comme tu as de **grands yeux !**
– C'est pour mieux te voir, répond-il en s'approchant.

– Comme tu as de grandes dents ! reprend Minnie.

– C'est pour mieux manger tes délicieux cookies !

crie le Grand Méchant Pat.

Vivement, il ouvre le panier et saisit la boîte.

Puis, en riant, il ôte son déguisement.

– Ha ha ha ! Je t'ai bien eue, Minnie, triomphe-t-il.
Tes cookies sont à moi, maintenant !
Et il déverse tout le contenu de la boîte dans sa grande bouche.
« Ouille ! » se dit Minnie en le regardant faire. Il vient de vider
toute la boîte de bonbons !

Il ne faut que quelques secondes pour que la menthe forte et très poivrée agisse.

**Brusquement, le Grand Méchant Pat devient rose vif et ses yeux s'écarquillent.**

Puis il se met à courir à la recherche d'un point d'eau !

Surprise par le bruit, la grand-mère de Minnie ouvre sa porte.

– Bonjour, ma chérie ! dit-elle, le nez un peu bouché. Est-ce que tout va bien ?

– Oh oui, Grand-Mère, répond Minnie. Tout va parfaitement bien !

Minnie passe un très bon moment, heureuse de voir sa grand-mère se régaler de ses cookies.
Puis elle remet son petit chaperon rouge
et rentre tranquillement chez elle.

## Et le Grand Méchant Pat ?

**Alors qu'il boit à longues gorgées, il se fait la promesse de ne plus faire peur à qui que ce soit pour voler des cookies au chocolat !**

# La Princesse au Petit Pois

Bien décidé à se marier, le prince Donald a voyagé de royaume en royaume à la recherche de sa future épouse. Jusqu'à présent, toutes les femmes qu'il a rencontrées ont un énorme défaut. Or le prince Donald tient absolument à épouser une véritable princesse !

« Trop méchante ! » a-t-il pensé de la première.
« Une personne aussi désagréable ne peut pas être
une vraie princesse ! »

« Trop gentille ! » a-t-il pensé de la deuxième.
« Une vraie princesse doit être indépendante et sûre d'elle. »

La suivante était trop bruyante, celle d'après beaucoup trop calme. La cinquième était si pauvre qu'elle s'habillait d'un sac, la sixième était si riche qu'elle prenait des bains de diamants. Aucune ne pouvait lui plaire : à ses yeux, elles n'avaient pas les qualités des vraies princesses.

Après des années de recherches,
le prince fait ses bagages et rentre chez lui.
– Décidément, je ne trouverai jamais
de vraie princesse... soupire-t-il, découragé.

Le temps passe.

**Une nuit, une tempête éclate** : la foudre illumine le ciel et le tonnerre fait trembler la vaisselle de porcelaine rangée dans les placards. Tandis que la pluie fouette les carreaux de ses fenêtres, Donald se réjouit d'être à l'abri, bien au chaud.
**Soudain, quelqu'un frappe à la porte du château !**

Inquiet, Donald descend dans le grand hall.

– Qui… qui est là ? demande-t-il en bégayant un peu.

– Laissez-moi entrer ! répond une femme.

Sa voix est si jolie que le cœur de Donald fait un bond.

« Serait-ce la voix d'une princesse ? » se demande-t-il.

Vite, il ouvre la porte.

La jeune fille qu'il découvre est **dans un triste état !** Ses cheveux sont trempés, sa robe est déchirée, sa cape est couverte de boue et il lui manque une chaussure !

– **Je suis la princesse Daisy,** se présente-t-elle.

– Vous n'avez pas l'air d'une princesse, répond Donald.

– Pourtant, j'en suis une !

Donald ne la croit pas, mais étant lui-même un vrai prince, il se doit d'être galant. Aussi invite-t-il Daisy à entrer. Puis il claque des mains à l'intention de ses neveux.

– Riri, va chercher des vêtements secs ! Fifi, prépare une tasse de thé ! Loulou, fais couler un bain chaud ! ordonne-t-il.

Pendant que tout le monde est occupé, Donald se glisse dans la chambre des invités et dépose un petit pois sur le sommier du lit. Ensuite, il empile au-dessus dix matelas et dix édredons. Seule une vraie princesse pourrait sentir le petit pois ainsi dissimulé !

Après avoir bu son thé, pris son bain et s'être changée,
Daisy suit Donald jusqu'à la chambre qu'il lui a préparée.
– Merveilleux ! s'exclame-t-elle. Ce lit me semble très confortable !
Après avoir remercié son hôte, elle grimpe à l'échelle,
s'allonge et, épuisée, ferme les yeux.

Le lendemain matin, Donald prend son petit déjeuner quand Daisy apparaît.

– Bonjour ! Avez-vous bien dormi ? demande le prince avec curiosité.

– Eh bien... je ne voudrais pas me plaindre, mais je n'ai pas dormi du tout. Malgré tous ses matelas, ce lit a une horrible bosse qui m'a fait très mal au dos ! répond Daisy, les yeux cernés.

À cet instant, le prince Donald comprend qu'il a trouvé sa vraie princesse. Ou plus exactement, que sa vraie princesse l'a trouvé !

Donald met un genou à terre et fait sa demande.

**Une vie longue et heureuse les attend !**

Quant au fameux petit pois, on peut toujours l'admirer dans une vitrine du musée de leur château.

# Le Petit Bonhomme de pain d'épice

Aujourd'hui, c'est l'anniversaire de Donald. Daisy lui prépare un gâteau : un petit bonhomme de pain d'épice. Ses yeux sont faits de grains de raisin, comme les boutons de son habit, et son nez est une cerise.

– Quel charmant petit personnage ! murmure Daisy en mettant au four sa création. Donald va l'adorer !

Alors qu'elle s'éloigne pour cueillir un bouquet de fleurs, le Petit Bonhomme de pain d'épice prend soudain vie, saute du plat et s'enfuit à toutes jambes !

– Stop ! Arrête-toi ! crie Daisy.

Mais le Petit Bonhomme ne veut pas s'arrêter.

À cet instant, Donald sort de la maison et aperçoit la scène.

Il essaie d'aider son amie et crie à son tour :

– Stop ! Arrête-toi !

Le Petit Bonhomme se retourne et se met à rire.

– Courez aussi vite que vous le pourrez, vous ne me rattraperez jamais, moi, le Petit Bonhomme de pain d'épice !

Daisy et Donald partent à sa poursuite.
Dingo, qui se repose à l'ombre d'un arbre, les voit passer, bondit sur ses deux pieds et se joint à la course-poursuite.
– Stop ! Arrête-toi ! crie-t-il, lui aussi.

Mais le Petit Bonhomme ne veut pas s'arrêter.

En riant, il se retourne et lance :

– Cours aussi vite que tu pourras, tu ne me rattraperas pas, moi, le Petit Bonhomme de pain d'épice. J'ai pu échapper à Daisy et à Donald, je t'échapperai à toi aussi !

Daisy, Donald et Dingo à ses trousses, le Petit Bonhomme croise Mickey et son troupeau d'oies. En voyant ses trois amis poursuivre ce drôle de personnage, Mickey veut les aider.

– Stop ! Arrête-toi ! crie-t-il.

Mais le Petit Bonhomme ne veut pas s'arrêter.

En riant, il se retourne et lance :

– Cours aussi vite que tu pourras, tu ne me rattraperas pas, moi, le Petit Bonhomme de pain d'épice.

J'ai pu échapper à Daisy, Donald et Dingo, je t'échapperai à toi aussi !

Le Petit Bonhomme court si vite que nul ne peut le rattraper.
Sur sa route, il croise le chemin des deux amis Tic et Tac,
qui s'amusent sur une balançoire, suspendue à la branche d'un arbre.
Lorsqu'ils aperçoivent le Petit Bonhomme, ils essaient eux aussi de l'arrêter,
mais sans succès !

Bientôt, le Petit Bonhomme atteint la rivière.
Assis les pieds dans l'eau, le Grand Méchant Loup l'aperçoit
et sent son alléchant parfum de pain d'épice.

Il doit être délicieux !

– Stop ! Arrête-toi ! crie-t-il. Je peux t'aider, si tu le veux.
– Comment cela ? demande le Petit Bonhomme en s'arrêtant.
– Saute sur mon dos, je te ferai traverser la rivière,
explique le Grand Méchant Loup.

Le Petit Bonhomme accepte et le loup plonge dans l'eau.

– Oh, je suis un peu mouillé ! se plaint le Petit Bonhomme.

– Eh bien, grimpe sur mon chapeau ! dit gentiment le loup.

– Loup, je suis encore mouillé ! se plaint le Petit Bonhomme.

– Eh bien, saute sur mon nez ! dit gentiment le loup.

Le Petit Bonhomme s'élance et…

CROC ! CROC ! CROC !

Le loup ouvre sa gueule et le mange tout rond.

Voilà comment finit l'histoire

du délicieux Petit Bonhomme de pain d'épice !

# Mickey et le haricot magique

Il y a bien longtemps, un très beau palais dominait un petit royaume appelé la Vallée du Bonheur. Ce château renfermait de nombreux trésors. Le plus merveilleux d'entre eux était une harpe d'or au visage d'ange. Sa musique magique et douce permettait à tous les habitants de vivre en paix.

Un jour, une ombre mystérieuse obscurcit la contrée. Lorsqu'elle s'évapore, la harpe a disparu et le malheur ne tarde pas à s'installer sur la Vallée. Bientôt, les habitants commencent à souffrir de la faim et de la pauvreté. Et spécialement les fermiers Mickey, Donald et Dingo. N'ayant plus rien à manger, ils décident de vendre leur vache au marché.

En chemin, Mickey croise un vieil homme qui lui demande où il se rend.

– Je vais vendre ma vache, répond-il.

– Je vous l'échange contre ces trois haricots magiques, propose l'inconnu. Si vous les plantez ce soir, à la pleine lune, ils pousseront jusqu'au ciel.

Trois haricots magiques ? Mickey réfléchit et finit par accepter ce drôle de marché.

À son retour, il montre fièrement sa trouvaille à ses amis.

– Trois haricots ? Comment veux-tu que nous puissions nous nourrir avec ça ? s'écrient Donald et Dingo.

Furieux, Donald frappe la boîte. Les haricots tombent sur le sol, rebondissent et disparaissent dans un trou.

Ce soir-là, les trois fermiers vont se coucher le ventre vide.
Mais alors que la pleine lune se lève, une chose incroyable se produit :
sous le plancher, les haricots se mettent à pousser, pousser, pousser…
emportant vers le ciel la maison des fermiers.

Le lendemain matin, à leur réveil, les trois amis sont stupéfaits.

Au-dessus des nuages s'étend un pays gigantesque.

Au loin, Mickey aperçoit un château.

– Allons voir si le châtelain a de quoi manger ! propose-t-il.

Tous trois entrent dans la bâtisse. Dans la grande salle, ils grimpent sur une table et découvrent, émerveillés, de nombreux plats remplis de fromages, de légumes, de rôtis et de fruits.

– À table ! s'écrient-ils, prêts à tout dévorer.

Sortant d'un petit coffre, une voix interrompt leur festin.

C'est celle de la harpe d'or !

– Un géant m'a enlevée et me force à chanter pour l'endormir ! explique-t-elle.

Brusquement, la terre se met à trembler. Le géant vient d'arriver !

Terrifiés, Mickey et ses amis se cachent derrière un sucrier.

## Le géant commence à se faire un sandwich.

En changeant de cachette, Mickey se retrouve coincé entre les tranches de pain et lorsqu'il le voit jaillir sous son nez, le géant ouvre de grands yeux ahuris !

– Je te tiens ! s'exclame le géant en attrapant Mickey.
Puis il saisit Donald et Dingo, les jette tous les trois dans le coffre où se trouve la harpe, verrouille la boite et range la clef dans sa poche.

**Or, sans être vu, Mickey a réussi à s'échapper !**

Après son repas, le géant pose la harpe d'or sur la table et lui demande de chanter pour l'endormir.

Une minute plus tard,
le géant commence à ronfler.
Tout doucement, Mickey réussit
alors à prendre la clef dans sa poche
et à remonter libérer ses amis.

– Emportons la harpe et partons d'ici ! dit-il à Donald et Dingo.

Soudain, le géant ouvre un œil.

– Hé, revenez ! rugit-il en bondissant sur ses deux pieds.

Mais déjà, le petit groupe descend le long du haricot.

– Tu ne nous rattraperas jamais ! se moque Mickey.

À toute vitesse, les trois amis sautent de feuille en feuille jusqu'en bas. Puis Donald et Dingo attrapent une scie et bientôt, l'énorme tronc vacille. Dès que l'immense plante s'abat sur le sol, le géant, précipité au loin, disparaît pour de bon !

Devenus des héros, les trois fermiers rapportent la harpe d'or au joli château qui domine le pays. Et depuis, la Vallée du Bonheur, débarrassée de la misère et de la famine, mérite à nouveau son joli nom !

# Raiponce

Un jour, une paysanne qui attendait son premier enfant eut très envie
de goûter à l'une des laitues, appelées raiponces, qui poussaient dans le potager voisin.
– La femme qui habite là est une redoutable sorcière, dit son mari.
Mais puisque tu en as tellement envie, je vais trouver un moyen.

La nuit venue, il se faufila dans le jardin voisin. Soudain, la sorcière apparut !
– Madame, ma femme est enceinte et vos laitues sont si appétissantes...
dit-il en tremblant.

– Vous pouvez en cueillir autant que vous voudrez à une seule condition : **lorsque l'enfant naîtra, vous me le confierez**, répondit la sorcière.

Pensant qu'il s'agissait d'une plaisanterie, le mari accepta.

Quelques mois plus tard, la femme mit au monde une petite fille.

– Comment allons-nous l'appeler ? demanda-t-elle à son mari.

À cet instant, la sorcière entra dans la maison.

– Elle s'appellera Raiponce ! dit-elle en prenant l'enfant et en disparaissant.

Les années ont passé. Aujourd'hui, Raiponce est une ravissante jeune fille dont les cheveux dorés forment une très longue tresse. De peur qu'on enlève sa protégée, la sorcière l'a enfermée en haut d'une tour. Quand elle lui rend visite, elle crie :

– Raiponce ! Jette-moi ta belle chevelure que je puisse monter te voir !

Or un soir, un jeune prince entend Raiponce chanter à sa fenêtre et l'aperçoit. Instantanément, il souhaite la connaître. Mais impossible d'entrer dans une tour sans porte ! Désespéré, il revient tous les soirs jusqu'à ce qu'une nuit, la sorcière rende visite à Raiponce.

Le lendemain, sachant la sorcière partie,
il répète la phrase qu'il a entendue :
– Raiponce ! Jette-moi ta belle chevelure que je puisse monter te voir !
Aussitôt, Raiponce lance sa tresse par la fenêtre
et le prince grimpe jusqu'à elle.

Après avoir ri et bavardé ensemble, le prince et Raiponce
deviennent amis et décident de se revoir.
Chaque jour, le prince monte en haut de la tour et petit à petit,
l'amitié du prince et de Raiponce devient de l'amour.
Mais un jour, la voix de la sorcière résonne alors qu'ils sont ensemble...

– Raiponce ! Jette-moi ta belle chevelure que je puisse monter te voir !

Raiponce n'a pas le choix : elle obéit. En voyant le prince à ses côtés, **la sorcière entre dans une colère noire.**

– Tu ne viendras plus jamais voir ma Raiponce ! hurle-t-elle.
Puis avec une paire de ciseaux, elle coupe la natte de la jeune fille !
– Et maintenant, va-t'en ! hurle-t-elle en poussant le prince par la fenêtre.

– Oh non ! s'écrie Raiponce.

Affolée, elle se précipite à la fenêtre et se penche tellement qu'elle tombe à son tour !

Heureusement, comme le prince, elle atterrit saine et sauve dans un épais massif de fleurs. Sans se retourner, **les deux amis sautent sur le cheval du prince et s'enfuient au galop.**

D’abord, le prince conduit Raiponce vers la maison où elle est née.

Désespérés depuis l’enlèvement de leur fille,

**sa mère et son père fondent en larmes de bonheur en la revoyant !**

Peu de temps après, **Raiponce épouse son prince** et la joie éclate dans tout le royaume. Près du château, Raiponce crée un joli potager et y plante les délicieuses laitues qui lui ont donné son nom. Quant à la sorcière, elle finira ses jours enfermée dans sa propre tour !

# Les Elfes et le Cordonnier

Il était une fois **un cordonnier nommé Mickey** qui était honnête et courageux. Tous les jours, il fabriquait de belles et bonnes chaussures pour les gens de son village. Mais les temps devinrent difficiles et bientôt, Mickey ne parvint plus à gagner suffisamment d'argent pour les nourrir, lui et sa femme Minnie.

Ce jour-là, Mickey, découragé, s'assied sur son tabouret.
– C'est peut-être la dernière paire de chaussures que je ferai...
dit-il à Minnie en montrant son dernier morceau de cuir.

Mickey coupe les semelles et les pose sur son établi.

Puis il bâille, car la nuit est déjà tombée.

– Il est tard, dit Minnie. Viens, allons nous coucher.

Tu finiras demain.

Au matin, quelle n'est pas la surprise de Mickey
en voyant que les deux semelles ont été remplacées
**par de magnifiques chaussures**
**au cuir brillant et bien cousu !**

Le cordonnier les expose aussitôt.

Très vite, un riche client entre dans la boutique.

– Je veux ces chaussures ! s'écrie-t-il en lançant trois pièces d'or à Mickey.

Minnie sursaute : c'est trois fois la valeur habituelle

des souliers fabriqués par son mari !

Mickey va faire les courses, et il lui reste suffisamment d'argent pour acheter aussi une belle pièce de cuir. Le soir venu, il coupe deux paires de semelles puis il monte se coucher.

Le lendemain, il est réveillé en sursaut :

– Mickey, viens voir ! Cela a recommencé ! crie Minnie de l'atelier.

En effet, deux magnifiques paires de chaussures, encore plus belles que les précédentes, trônent sur l'établi. Une fois exposées dans la vitrine, il ne faut pas longtemps pour qu'elles se vendent à un très bon prix !

Avec l'argent, Mickey achète de quoi fabriquer quatre paires.
Le soir venu, il coupe les semelles, les pose et file au lit.
Et le lendemain matin, le miracle se reproduit :
quatre paires de chaussures neuves, plus jolies les unes que les autres,
l'attendent sur son établi.

Le succès du cordonnier croît de jour en jour.
Chaque soir, il coupe les semelles et chaque matin,
il admire les superbes chaussures créées pendant la nuit.

Et de plus en plus de clients se précipitent dans sa boutique !

Bientôt, Mickey et Minnie sont à l'abri du besoin :
ils gagnent assez pour se nourrir, acheter du cuir
et donner de l'argent à leur village.
– J'aimerais quand même bien savoir qui nous aide
ainsi chaque nuit ! confie Mickey à Minnie.

Ce soir-là, tous deux décident de se cacher plutôt que de monter se coucher. **Vers minuit, deux petits elfes apparaissent dans l'atelier,** montent sur l'établi et se mettent au travail. Pendant plusieurs heures, ils coupent, cousent, martèlent et cirent le cuir. Enfin, les chaussures terminées, ils disparaissent comme ils étaient venus.

– Ces deux charmants petits elfes nous ont rendu un fier service, dit Minnie.
– Nous devrions les remercier. Fabriquons-leur de beaux vêtements.
Le lendemain, ils se mettent à l'ouvrage. Minnie coud deux ravissantes tenues d'elfes, et Mickey fabrique de solides et confortables petits souliers.

À minuit, les elfes apparaissent et montent sur l'établi. Dès qu'ils voient les cadeaux de Mickey et Minnie, leur joie éclate et ils ne tardent pas à revêtir leurs nouveaux habits.

À peine ont-ils chaussé
leurs beaux souliers
qu'ils se mettent à danser
sans s'arrêter,
sous les yeux ravis de Mickey
et Minnie. Puis ils repartent,
tout heureux !

Désormais, la boutique de Mickey
et de Minnie sera toujours remplie
de superbes chaussures.
Quant aux elfes, il semblerait qu'ils soient
de plus en plus nombreux
à venir y travailler la nuit !